AF341789

HISTOIRE

ABRÉGÉE

DU DERNIER EMPIRE

Par M. Ch. GARNIER

LYON

IMPRIMERIE ALF. LOUIS PERRIN ET MARINET

Rue d'Amboise, 6.

1875

HISTOIRE ABRÉGÉE DU DERNIER EMPIRE

Tout arrive en France, a dit Talleyrand. Il faut bien que tout arrive, pour que le parti bonapartiste reprenne le verbe si haut cinq années après Sedan. L'impunité qu'il partage avec les dictateurs du 4 septembre a déconcerté toutes les notions de justice qui pouvaient exister dans le peuple, et l'opinion publique semble n'avoir même plus de ressort pour s'indigner de l'audace avec laquelle on redore la légende napoléonienne. Ce n'est donc pas une œuvre oiseuse que de rafraîchir la mémoire au peuple ; il y a opportunité à suppléer la justice parlementaire impuissante ou insuffisante, en retraçant à grands traits l'histoire du dernier Empire. Il serait sain et utile de répandre jusque dans les plus obscures chaumières quelques rayons de lumière vengeresse, et si les partis conservateurs étaient doués de plus d'intelligente activité, ils ne permettraient pas qu'un seul enfant de nos écoles pût ignorer qui a défait la France.

Le dernier Empire avait pour but avoué d'assurer l'ordre et de rétablir le principe d'autorité. Et par une première ironie, l'ordre était représenté au sommet de la société par des gens qui n'avaient pas même un acte de naissance régulier et authentique. L'autorité s'incarnait dans un homme qui avait conspiré en Italie et en France, qui était affilié aux sociétés secrètes depuis sa jeunesse, qui avait pris les armes avec les insurgés romagnols contre le gouvernement pontifical, qui avait tenté les aventures de Strasbourg et de Boulogne, qui avait fait serment à une constitution républicaine, et qui inaugura son règne par le coup nocturne du 2 décembre 1851.

Le dernier Empire étouffa toute liberté politique ; mais il donna pour soupape au régime la petite presse légère, la grande presse démocratique, habituée des salons dynastiques, à qui tout fut livré en religion et en morale et qui put manger à son aise du Pape, des évêques, des corporations religieuses et du dogme, pourvu qu'elle ne touchât ni à César, ni aux césariens, ni au césarisme. Les livres impies ou obscènes, le théâtre dévergondé, tels furent les dérivatifs à la politique.

Le dernier Empire fit passer dans les lois une partie des idées socialistes qui avaient mis les armes à la main aux insurgés de 1848 et 1849. Recrutant ses principaux agents parmi les ambitieux et les déserteurs du parti républicain, comme le premier Empire avait galonné les jacobins et les régicides, il favorisa la fondation de l'*Internationale*, protégea ses développements, et la paya dans plus d'une occasion. Si les mailles de l'*Internationale* enveloppent maintenant le suffrage universel, c'est au dernier Empire que nous devons cet immense danger social. Nous lui sommes également redevables, dans le même ordre d'idées et de faits, de la loi sur les coalitions, qui livre le capital industriel à la discrétion de la main-d'œuvre, loi que les législateurs actuels, tout conservateurs soient-ils, n'osent pas même entamer, et qui reste un redoutable instrument que sauront

manier les factions. Après avoir débuté par d'innom-
brables déportations illégales de révolutionnaires, il
en arriva à jouer du spectre rouge pour épouvanter
la société, ouvrit, avant le plébiscite de 1870, par sa
police, les clubs de Belleville, de Ménilmontant et des
grandes villes de province où se débitèrent tant
d'effrayantes insanités, vrai programme de la future
Commune, et n'hésita pas à susciter des candidatures
radicales, comme celle de Raspail à Lyon.

Il rétablit la confiscation, effacée de tous les codes
des nations civilisées, pour s'emparer de la fortune
des princes d'Orléans.

On vante beaucoup les embellissements opérés
dans les villes. Ils ne furent point particuliers au dernier Empire. Ce grand mouvement de percements de
rues et de bâtisses est dû, dans ce qu'il eut de loua-
ble, à la tranquilité qui régnait alors ; il n'approche
pourtant pas, au point de vue de l'art, des travaux
qu'exécutèrent les municipalités du Moyen-Age ; des
quartiers considérables ont été percés, mais tout a
été construit à la hâte, et on ne cite pas un seul mo-
nument qui puisse être présenté à l'admiration de la
postérité. On dépensait pour le scandaleux Opéra de
Paris presque autant de millions qu'en contient le
budget de plusieurs États de l'Europe, mais l'on se
contentait de poser quelques pierres à l'Hôtel-Dieu. Ce
qui est bien à l'Empire, c'est l'endettement des villes,
et pour ces travaux il ramassa dans les principaux
centres de corruption des masses d'ouvriers arrachés
à l'atmosphère honnète des campagnes. Il activa la
dépopulation rurale. Paris devint le cabaret du monde.

On fait honneur au dernier Empire de l'activité des
affaires pendant une période de quinze années. Cette

activité fut générale en Europe ; elle était le résultat logique de la précédente stagnation commerciale et industrielle causée par la République de 1848, le développement spontané de toutes les ressources économiques du pays accumulées depuis 1815 et restées sans emploi pendant une crise de quatre années. Quel que soit le gouvernement monarchique qui eût succédé à la République de février, le même entraînement d'affaires se fût inévitablement produit. Mais ce qui est bien du dernier Empire, c'est le scandale financier, c'est l'épanouissement du juif et du saint simonien, c'est la fortune insolemment rapide, c'est la spéculation effrénée, c'est, en un mot, ce qu'on a justement appelé le règne des manieurs d'argent. Quant aux chemins de fer, aux télégraphes, à toutes ces voies de communication qui se sont multipliées, on ne fit que suivre l'impulsion universelle, et la France resta même, sous ce rapport, au cinquième ou sixième rang des nations européennes, se laissant devancer par de petits États comme la Belgique et la Suisse. On abandonna toutes les voies fluviales. Le public ignore, mais nous devons lui le rappeler, que le budget des travaux publics était moins bien doté que sous les gouvernements antérieurs et recevait seulement 8 0/0 du budget général.

Le dernier Empire abaissa la magistrature en portant atteinte à l'inamovibilité des magistrats et en avançant l'heure de la retraite des sages.

De la religion il s'efforça de faire un instrument politique. Il proclama hautement la théorie païenne du clergé fonctionnaire. Pour l'épiscopat, il cherchait surtout des ecclésiastiques en qui pouvait faiblir le caractère. Il mettait en quarantaine les évêques qui défendaient trop éloquemment les droits du Saint Siége, et interdisait leur fréquentation à ses agents. Dieu ne permit pas, néanmoins, l'obscurcissement de l'Église de France.

La charité catholique même était suspecte : la société de Saint-Vincent de Paul était brutalement dissoute, et à la même heure, la franc-maçonnerie exaltée recevait un grand-maître de la main du chef de l'État.

L'instruction publique, dont le budget ne percevait que 1 0/0 du budget total, fut livrée aux empiriques qui détestaient le catholicisme. Ce fut d'abord M. Fortoul, l'inventeur de la bifurcation qui abaissa le niveau des études. Ce fut plus tard M. Duruy, de l'école simienne, qui jeta en pâture l'histoire contemporaine aux grimauds de collége, pour leur apprendre que la France datait des Bonaparte ou tout au plus de 89 ; M. Duruy qui portait processionnellement à la bibliothèque impériale le cœur de Voltaire, insulteur de Jeanne-d'Arc, et salarié de la Prusse. On n'osa pas abolir la loi de 1850 sur la liberté de l'enseignement secondaire, mais on entrava son application toutes les fois qu'elle devait profiter aux catholiques ; et pour l'enseignement primaire on favorisa le plus possible la substitution des instituteurs laïques aux congrégations religieuses.

Le dernier Empire a démesurément élevé l'impôt et accru la dette publique. Emprunter, dépenser, aliéner, manger le blé en herbe, fut toute sa science financière et économique. Le budget était seulement d'un milliard à la fin de la Restauration, obligée cependant de payer les immenses folies du premier Empire. Le dernier Empire trouva l'impôt à un milliard et demi ; il le porta, année moyenne, à deux milliards et près de cent millions ; en joignant aux dépenses de l'Etat celles des communes et celles des départements, on pouvait déjà, en 1868, saluer le troisième milliard et arriver au chiffre total de trois milliards cent cinquante millions, représentant le cinquième du revenu de la France.

A son avènement, le dernier Empire n'eut à servir l'intérêt que de sept milliards de dettes environ (nous n'avons pas le chiffre précis présent à la mémoire) ; aujourd'hui, après les catastrophes de la fin, la dette avoisine vingt milliards. Une récente évaluation du ministre des finances fixe à près de dix milliards le coût seul de la guerre, dont une moitié imputable à l'Empire, l'autre moitié au gouvernement du 4 septembre.

Le service annuel de la dette perpétuelle prenait, en 1852, 230 millions, dont plus de 190 remontant au premier Empire et à la République, la Restauration ayant été le seul gouvernement qui ait diminué à la fois la dette et les impôts ; avant 1870, le service de la dette absorbait déjà 340 millions. Actuellement, comme carte à payer à la suite de la guerre, ce même service exige 841 millions *de plus*, 841 millions qui pèseront annuellement, à perpétuité, sur nos enfants et petits-neveux. Sauront-ils, au moins, à qui ils doivent ces charges ? Il est regrettable que l'Assemblée nationale n'ait pas adopté une idée éminemment pratique, émise naguère par M. de Meaux, qui proposait que, sur la feuille d'impositions distribuée aux contribuables, il fût fait désormais expresse mention de l'origine et de la cause des surtaxes ou impositions nouvelles nécessitées par la guerre,

Le dernier acte de l'Empire, à l'intérieur, fut l'érection en plein Paris de la statue de Voltaire, c'est-à-dire du valet du roi de Prusse, de l'homme qui a le plus injurié la France, qui a célébré les Prussiens pour avoir vu « les derrières des soldats du roi très-chrétien » et leur avoir « taillé les croupières. » Ironie finale ! Cette statue, qui marque le passage de M. Chevreau au ministère de l'intérieur, devait recevoir, quelques jours après, un des premiers boulets prussiens, à la place même où Voltaire avait été, dit-on, caressé par la botte de l'aïeul de Guillaume.

Au dehors, l'Empire n'eut jamais une politique française, et il fit constamment le jeu de l'étranger. C'est surtout en considérant la pauvre diplomatie impériale, que l'on a pu dire justement du chef du dernier Empire : « C'est une grande incapacité méconnue. » On lui attribuait du génie, parce qu'il savait observer le mutisme, et les cabinets étrangers partagèrent même quelque temps l'illusion, plus tenace chez le public français ; mais génie et mutisme n'étaient autre chose que ce qui avait été ainsi défini par un homme d'État : « Quand il parle, il ment ; quand il se tait, il conspire. »

Les diplomates de l'Empire étaient : M. Benedetti, que M. de Bismarck a rendu la risée de l'Europe ; MM. Walewski et Thouvenel, qui préparaient le triomphe de la révolution italienne, l'anéantissement des petits États italiens alliés de la France, et les grandes agglomérations sur nos frontières ; M. de Lavalette, qui travaillait, comme son maître, à faire triompher contre la France la théorie des nationalités, et qui signa, après Sadowa, une circulaire pour s'applaudir des agrandissements de la Prusse,

circulaire qui aurait mérité qu'on appliquàt le fer
rouge sur la main capable de l'avoir écrite ; M. Rouher, enfin, qui inventa le système des trois tronçons,
afin de prouver que la défaite de l'Autriche et la su-
prématie prussienne en Allemagne étaient des gages
de sécurité pour la France ; M. Rouher, disons-nous,
qui appelait la guerre du Mexique « la plus grande
pensée du règne ; » M. Rouher, qui fut associé
comme principal collaborateur à toutes les inepties
souveraines.

Le chef de l'État était italien et n'avait rien de
français. Il subordonna toujours l'intérêt français à
l'intérêt italien, il fit servir la France à l'agrandisse-
ment de l'Italie révolutionnaire. Il donna le sang
français sur les champs de la Lombardie aux sec-
taires italiens, sous la menace du poignard et des
bombes, pour des gens qui insultent aujourd'hui
l'uniforme de nos soldats, qui exècrent la France et
qui l'ont abandonnée au moment critique. Il affaiblit
l'Autriche, dont l'alliance nous serait maintenant si
précieuse et que son épuisement empêcha de faire
diversion, quand cette diversion eût pu nous sauver.
Il aida au renversement de tous les princes italiens,
parce que Bourbons ou légitimes. Il encouragea et
protégea toutes les invasions successives du territoire
pontifical, fit écraser, à Castelfidardo et à Ancône,
une poignée de catholiques français, qui combattaient
en héros pour la défense de l'Église, livra les clés
de Rome par la convention du 15 septembre 1864,
imposa à l'Europe, après être lui-même intervenu
partout, le principe de non intervention, pour assurer
le succès de la flibusterie internationale, et finalement
abandonna le Pape à ceux qui le tiennent prisonnier

au Vatican et qui n'ont fait que suivre mot à mot le programme tracé par une célèbre brochure impériale..
A cette heure, le Pape est le prisonnier des Bonaparte aussi bien que de Victor-Emmanuel et de Garibaldi; le Vatican et son jardin sont le logis forcé préparé par l'Empire.

En Orient, il perdit toute la vieille influence française et revint de Syrie aux sons de l'hymne dynastique.

La guerre de Crimée avait été faite dans l'intérêt de l'Angleterre et pour se venger d'un mot du czar. Elle fut sans résultat pratique. La Russie est rentrée, quelques années plus tard, dans la Mer Noire, que le traité de paix lui avait fermée. Et, au lieu d'obtenir des garanties sérieuses du vaincu, on lui concéda l'abolition de la course sur mer. C'est cette désastreuse concession qui devait, plus tard, en 1870, dans la guerre contre la Prusse, paralyser notre marine, l'empêcher de toucher à une coquille de noix prussienne, et réduire nos intrépides matelots au rôle de tirailleurs dans la campagne de la Loire, ou d'artilleurs dans le siége de Paris. Le dernier Empire a sacrifié le pavillon français à la Russie, qu'il n'avait pu entamer, comme il devait, un peu plus tard, le sacrifier dans les questions commerciales, à l'Angleterre, maîtresse du roulage de l'Océan.

L'armée française, dans les premières années de l'Empire, maintint sa glorieuse réputation séculaire; mais cette armée, l'Empire ne l'avait pas formée, il l'avait trouvée toute prête; elle s'était aguerrie en Afrique. Il bénéficia de l'œuvre militaire de ses prédécesseurs, comme il avait recueilli leur crédit accumulé.

Lorsqu'il fallut continuer ou renouveler cette admirable armée, on le fit surtout sur le papier ; le budget militaire grossissait à mesure que l'effectif diminuait, et on ne nous dira jamais où passait l'argent,... à moins que ce ne soit aux boutons de guêtre, dont nous avions, assurait plus tard, au quart-d'heure critique, le dernier ministre de la guerre, la plus complète provision.

L'empire entreprit la guerre du Mexique pour favoriser des tripoteurs de créances véreuses et des intrigues de camarilla. Il y engloutit un matériel immense et des sommes incalculables, fit décimer inutilement nos plus beaux régiments, et après y avoir fait la fortune de celui qui devait plus tard rendre Metz et finir devant un conseil de guerre, il évacua devant une sommation du gouvernement des États-Unis. Un prince de la maison d'Autriche fusillé à Queretaro, une princesse traînant dans la démence la plus navrante les restes de son existence brisée, le mépris de l'Europe honnête, la disparition du prestige de la France, voilà le solde de compte de l'expédition du Mexique.

Et telle était l'habitude de sacrifier tous les intérêts français, telle est l'incompatibilité entre les Bonaparte et la politique française et chrétienne, que le chef du dernier Empire inventa le royaume arabe en hostilité à la colonisation de l'Algérie, défaisant ainsi, autant qu'il était en son pouvoir, ce qu'avaient fait dans la France africaine les Bourbons de la branche aînée et de la branche cadette. Il fut même, dit-on, un instant question d'abandonner l'Algérie, entachée, aux yeux des Bonaparte, d'un vice d'origine par la conquête du drapeau blanc, et de se jeter dans l'aventure d'une expédition tunisienne pour remplacer le legs de la Restauration.

Enfin, comme l'Empire avait déclaré qu'il était la paix, il devait finir et il finit par la guerre criminelle et insensée, guerre sans motifs, guerre non préparée, guerre sans alliés, entreprise dans un intérêt exclusivement dynastique, et qui aurait été suivie, si la victoire l'eût couronnée, de nouvelles proscriptions et déportations comme après le 2 décembre, non plus seulement de révolutionnaires, mais de notabilités de tous les partis. On joua le sort de la France pour faire poser un enfant et pouvoir annoncer à tous les échos par le télégraphe qu'il ramassait des balles sur le champ de bataille. « Filons sur Belgique, » tel fut le testament de la dynastie, pendant que son chef s'enfermait à Sedan avec une armée qui eût suffi à Henri IV et à Louis XIV pour tenir tête à une coalition européenne. Mais du moins, si l'armée manqua de munitions, le chef de la dynastie ne manqua jamais de marée fraîche. François Ier, Jean II, qui tombiez couverts de sang sur des monceaux de cadavres, vous n'étiez que des niais, en comparaison de cet homme d'esprit qui sortait sain et sauf de Sedan, et s'en allait en équipage, la cigarette à la bouche, remettre son épée vierge au roi de Prusse !

Après Sedan, Metz rendue à l'ennemi avec une armée plus nombreuse que celle qui suffisait aux Bourbons pour faire le tour de l'Espagne, délivrer la Grèce et conquérir l'Afrique. La France envahie presque jusqu'à l'Océan, Paris bloqué et pris, trois cent cinquante mille soldats français prisonniers au-delà du Rhin, plus de six mille canons enlevés, des centaines de drapeaux tricolores suspendus en trophée à Berlin et dans les grandes villes allemandes, le roi de Prusse couronné empereur d'Allemagne à Versailles, dans le palais où ses ancêtres auraient à peine obtenu audience du roi de France, deux magnifiques provinces démembrées du territoire, des désastres incalculables et des humiliations jusqu'ici inconnues, la destruction de tout et la nécessité de tout refaire, telle est la liquidation de l'Empire. Et si sur les milliards qu'a coûtés la guerre, la moitié sont imputables au parti sans patriotisme qui fit une révolution devant l'ennemi ; si la moitié de nos ruines sont l'œuvre du parti républicain, la charge de l'Empire reste assez lourde pour que nos enfants nous reprochent amèrement d'avoir mérité un tel régime et de les avoir condamnés à supporter les suites de pareils châtiments.

Avec ce bagage de souvenirs, est-il possible qu'il y ait encore en France un parti bonapartiste, et que ce parti proclame ses espérances ! Cela est pourtant, cela est, pour justifier le mot que nous citions en commençant cet écrit : tout arrive en France. Ce parti a une organisation, un budget, une presse salariée, et les pièces d'une enquête parlementaire le montrent exploitant la crédulité populaire par le mensonge. Ce parti a des chefs : M. Rouher, l'ex-vice-empereur, l'homme attestant naguère, sur l'*honneur*, devant l'Assemblée nationale, qu'il ignorait l'existence du comité par lui présidé, et qu'il ne connaissait pas les agents qu'il recevait ; M. Amigues, le panégyriste du communard Rossel, et qui, pendant la Commune, écrivait contre le gouvernement de Versailles et l'armée de l'ordre ; M. de Lavalette, le signataire de la mémorable circulaire diplomatique de 1866 ; M. Chevreau, l'homme de la statue de Voltaire ; il avait, il aurait encore M. Clément Duvernois, le fondateur de l'*Ordre*, si la police correctionnelle ne l'avait condamné, pour ses exploits financiers, à deux ans de prison.

Le premier organe bonapartiste qui ait osé montrer sa cocarde depuis 1870, la *Situation*, fondé par le célèbre Hugelmann, dont la *Gazette des Tribunaux* a raconté les malheurs judiciaires, injuriait l'Assemblée et l'armée pendant la Commune, et formait hautement des vœux pour Paris communard.

Les hommes et les moyens sont les mêmes qu'autrefois ; on renouvellerait fatalement le passé, et l'on conduirait à son terme extrême la décadence nationale. L'invasion, voilà le dernier mot des Empires passés et futurs, si futurs il y avait. L'invasion est inséparable des Bonaparte ; le bonapartisme est synonime d'invasion. Le numéro d'ordre de chaque chef, dans cette dynastie, correspond au numéro d'ordre de chacune de nos invasions, et si la France devait avoir Napoléon IV, ce serait infailliblement une quatrième invasion ; car, si le parti bonapartiste est le seul qui ait ouvertement recherché l'appui des Prussiens, le seul pour qui M. de Bismarck ait affiché ses préférences, inspirées par la haine contre notre pays, l'Empire n'en est pas moins le seul gouvernement qui ne puisse honorablement vivre en paix avec ses voisins.

L'histoire est finie ; à qui la faute si elle ressemble à un sanglant pamphlet ? A ceux qui l'on faite, non à ceux qui l'écrivent.

Et maintenant, voilà notre passeport signé pour Cayenne.

(*Extrait de la* Décentralisation *du 25 juillet 1875.*)